Vende a Gran Escala

Lucie Dupont

Lucie Dupont

Página de Derechos de Autor

Lucie Dupont

Indice

Lucie Dupont

Entendiendo la Escalabilidad

La escalabilidad es un concepto clave cuando se habla de expandir un negocio, y se refiere a la capacidad que tiene una empresa para crecer sin perder eficiencia o calidad en sus operaciones. Imagina que tu negocio es una pequeña tienda local que vende productos de manera eficiente en tu ciudad. Ahora, si quisieras abrir otras tiendas en diferentes ciudades o incluso en otros países, necesitarías asegurarte de que el negocio pueda seguir funcionando con el mismo nivel de calidad y éxito. Esto es lo que significa ser escalable: la capacidad de crecer manteniendo la misma estructura, o ajustándola, sin que el aumento de tamaño traiga consigo una caída en el rendimiento.

Para que un negocio sea escalable, debe tener sistemas y procesos en su lugar que permitan aumentar la producción, la distribución y las ventas sin que esto signifique un aumento proporcional en los costos o en el tiempo necesario para hacer funcionar la empresa. Por ejemplo, si tu modelo de negocio requiere de mucha atención personalizada para cada cliente, puede ser difícil mantener esa misma calidad de servicio cuando tienes cientos o miles de clientes adicionales en otros mercados. Aquí es donde entran en juego las herramientas y estrategias para automatizar o simplificar procesos, de manera que el negocio pueda crecer sin que las personas que lo manejan se vean abrumadas.

La escalabilidad no solo tiene que ver con hacer más de lo que ya estás haciendo, sino con hacerlo de manera más inteligente. Es encontrar formas de llegar a más personas sin tener que gastar una cantidad proporcionalmente mayor de tiempo, dinero y esfuerzo. Para ilustrarlo, pensemos en un ejemplo sencillo: si tienes una fábrica que produce camisas y cada camisa te cuesta diez dólares en materiales y dos horas en trabajo para fabricar, si quisieras producir el doble de camisas, ¿necesitarías el doble de dinero y de tiempo? Si no has preparado tu negocio para escalar, es posible que la respuesta sea sí. Pero si has diseñado un sistema donde al producir en mayor volumen reduces el costo por unidad, y al mismo tiempo has encontrado maneras de automatizar parte del trabajo, entonces podrás duplicar tu producción sin duplicar tus costos o el tiempo invertido. Eso es escalabilidad.

Otro aspecto fundamental de la escalabilidad es saber cuándo y cómo expandir tu negocio. No se trata solo de tener la capacidad de crecer, sino de hacerlo en el momento adecuado. Si intentas expandirte demasiado rápido sin tener los recursos o la infraestructura necesaria, puedes correr el riesgo de que tu empresa se vuelva ineficiente. Por el contrario, si esperas demasiado, podrías perder oportunidades valiosas de crecer en mercados que podrían haberse adaptado perfectamente a tu producto o servicio. Por eso, es importante entender tu capacidad actual y planificar con cuidado el momento en que te expandes.

La tecnología juega un papel crucial en la escalabilidad de cualquier negocio en la actualidad. Las herramientas digitales permiten que las empresas lleguen a audiencias globales con relativa facilidad. Un sitio web, una plataforma de comercio electrónico o incluso redes sociales pueden ser instrumentos poderosos para escalar tu negocio sin necesidad de una inversión descomunal. Sin embargo, aunque la tecnología facilita muchas cosas, también es importante recordar que detrás de cada gran empresa escalable hay una estrategia sólida. No se trata solo de vender más, sino de hacerlo de manera que cada nueva venta sea más rentable y más eficiente que la anterior.

Al hablar de escalabilidad, también es esencial mencionar el equipo que hace posible este crecimiento. Tener un equipo de trabajo comprometido y bien organizado es clave para que una empresa pueda expandirse con éxito. A medida que un negocio crece, las funciones y responsabilidades de las personas dentro de la empresa también deben adaptarse. No se puede esperar que las mismas personas que gestionaban un pequeño negocio local puedan manejar de la misma manera una operación internacional sin una estructura adecuada. Por eso, parte de ser escalable implica tener el equipo adecuado y las habilidades necesarias para gestionar el crecimiento.

Por último, es importante recordar que la escalabilidad no es solo una meta, sino un proceso continuo. No es algo que se logre de un día para otro, ni es algo que se pueda hacer una sola vez y olvidarlo. Escalar un negocio implica constantemente evaluar, ajustar y mejorar los sistemas y procesos para asegurar que, a medida que la empresa crece, no se pierda la eficiencia ni se aumenten los costos innecesariamente. Cada nuevo mercado, cada nuevo producto y cada nuevo cliente representan una oportunidad para escalar de manera eficiente, pero también son desafíos que requieren planificación y estrategia.

En resumen, entender la escalabilidad es fundamental para cualquier empresario que quiera expandir su negocio a otros países o mercados. Significa crear un modelo de negocio que pueda crecer sin perder su capacidad de generar ganancias de manera eficiente. Significa saber cuándo y cómo expandirse, y tener las herramientas, la tecnología y el equipo adecuado para hacerlo. Y, sobre todo, significa estar siempre preparado para ajustar y mejorar los procesos que te permiten seguir creciendo sin perder calidad en el camino.

Lucie Dupont

Investigación de Mercado Global

La investigación de mercado global es el primer paso esencial cuando se piensa en expandir un negocio más allá de las fronteras nacionales. Antes de entrar en un nuevo mercado, es crucial entender las características específicas de los consumidores locales, sus necesidades, sus comportamientos y las oportunidades que el mercado puede ofrecer. Esta investigación no solo te ayudará a conocer mejor el territorio al que deseas llegar, sino que también te permitirá evitar errores costosos al tomar decisiones estratégicas basadas en datos sólidos y no en suposiciones.

Empezar con una buena investigación de mercado global es como hacer un mapa del terreno antes de emprender un viaje. No se trata solo de saber dónde estás y hacia dónde quieres ir, sino de conocer los obstáculos en el camino y las mejores rutas para superarlos. Cada país tiene sus particularidades, y lo que funciona en un mercado puede no ser efectivo en otro. Por ejemplo, un producto que es popular en Europa podría no tener la misma acogida en Asia debido a diferencias culturales, económicas o incluso climáticas. Entender estas diferencias es clave para adaptar tu oferta y tu estrategia de ventas.

Uno de los primeros pasos en la investigación de mercado global es recopilar datos demográficos. Esto significa obtener información sobre la edad, el género, el nivel de ingresos, la educación y otros factores que te ayuden a definir a tus posibles clientes en cada país. Si tu producto está dirigido principalmente a jóvenes adultos con altos ingresos, es importante que te asegures de que en el mercado al que te diriges exista un número significativo de personas que cumplan con ese perfil. De lo contrario, podrías estar invirtiendo tiempo y recursos en un mercado que no tiene suficiente demanda para tu producto o servicio.

Otra parte crucial de la investigación es comprender los hábitos de consumo locales. ¿Qué tipo de productos compran las personas? ¿Con qué frecuencia realizan esas compras? ¿Prefieren comprar en tiendas físicas o en línea? ¿Qué factores influyen en su decisión de compra, como el precio, la calidad o la marca? Estas son preguntas fundamentales que te ayudarán a ajustar tu enfoque. Por ejemplo, en algunos países, los consumidores pueden ser extremadamente sensibles al precio, lo que significa que tu estrategia de precios deberá ser muy competitiva. En otros mercados, los consumidores pueden valorar más la calidad o la reputación de la marca, lo que podría permitirte vender productos a precios más altos si puedes demostrar un valor superior.

El análisis de la competencia también es un componente clave de la investigación de mercado global. Necesitas saber quiénes son tus competidores en cada mercado, qué ofrecen y cómo lo están ofreciendo. Es posible que te enfrentes a competidores locales que ya están bien establecidos y que entienden mejor las necesidades del consumidor local. Estudiar a estos competidores puede darte una idea clara de lo que debes hacer para diferenciarte. Tal vez descubras que puedes competir en precio, en calidad, en innovación o en servicio al cliente, pero necesitarás esta información para tomar decisiones informadas.

Además de estudiar a la competencia, también es importante prestar atención a las tendencias del mercado. Los mercados cambian constantemente, y lo que es popular hoy puede no serlo mañana. Las tendencias pueden ser tecnológicas, como el aumento del comercio electrónico en algunas regiones, o culturales, como el creciente interés por productos sostenibles o ecológicos en ciertos países. Mantenerte al tanto de estas tendencias te permitirá adelantarte a las necesidades del mercado y adaptar tu oferta antes que tus competidores.

La investigación de mercado global no es algo que se haga una sola vez. Al contrario, es un proceso continuo. Los mercados evolucionan, y lo que era cierto cuando entraste en un país podría cambiar con el tiempo. Por eso, es fundamental seguir recopilando datos y monitoreando el entorno del mercado para asegurarte de que tu estrategia sigue siendo relevante. Esto incluye estar al tanto de los cambios económicos, políticos o sociales que puedan afectar a tus ventas. Por ejemplo, una crisis económica en un país podría hacer que los consumidores reduzcan sus gastos, mientras que una nueva regulación gubernamental podría afectar cómo puedes vender tu producto.

Las fuentes de información para la investigación de mercado global pueden ser variadas. En primer lugar, puedes recurrir a estudios ya existentes realizados por consultoras o agencias especializadas en análisis de mercados. Estas agencias suelen ofrecer informes detallados sobre las tendencias y los comportamientos de los consumidores en diferentes países. Sin embargo, también es valioso llevar a cabo tu propia investigación, lo que se conoce como investigación primaria. Esto puede incluir encuestas, entrevistas o grupos focales con consumidores locales. Estas herramientas te permiten obtener información directa sobre lo que piensan y necesitan las personas en el mercado al que quieres entrar.

Otra herramienta útil para la investigación de mercado global es el uso de la tecnología. Internet ha hecho que sea más fácil que nunca investigar mercados internacionales desde cualquier parte del mundo. Las redes sociales, por ejemplo, te permiten observar cómo los consumidores interactúan con diferentes marcas y productos, lo que te da una idea de lo que valoran. Plataformas de comercio electrónico como Amazon también pueden ofrecerte datos sobre qué tipos de productos se venden más en ciertas regiones. Además, herramientas de análisis web como Google Trends pueden mostrarte qué búsquedas son populares en distintos países, lo que te da una idea de las necesidades emergentes de los consumidores.

Finalmente, es importante recordar que la investigación de mercado global no solo es un ejercicio para recolectar datos, sino una manera de prepararte para tomar decisiones más inteligentes. Cada información que recojas debe ayudarte a ajustar tu estrategia de ventas, desde el diseño de tu producto hasta la manera en que te comunicas con tus clientes. No se trata solo de lanzar un producto al mercado y esperar que tenga éxito, sino de adaptar tu enfoque para que realmente resuene con las personas a las que te diriges.

En resumen, la investigación de mercado global es el fundamento de cualquier expansión internacional exitosa. Es un proceso que te permite conocer a fondo los mercados en los que quieres operar, identificar oportunidades y desafíos, y ajustar tu estrategia para maximizar tus posibilidades de éxito. Al entender a tus consumidores, a tus competidores y las tendencias del mercado, estarás mejor preparado para tomar decisiones informadas que te ayudarán a crecer y prosperar en mercados internacionales.

Lucie Dupont

Planificación Estratégica para la Expansión Global

La planificación estratégica es la columna vertebral de cualquier expansión global exitosa. Antes de lanzarte a vender en otros países, necesitas un plan bien estructurado que te guíe en cada paso del proceso. No se trata solo de decidir que quieres vender internacionalmente, sino de trazar un camino claro para alcanzar ese objetivo, teniendo en cuenta todos los aspectos clave que influirán en el éxito de tu expansión. Sin un plan sólido, es fácil perderse en las complejidades de los mercados extranjeros y encontrarse con obstáculos inesperados.

Lo primero que debes hacer en la planificación estratégica para la expansión global es definir con claridad tus objetivos. ¿Por qué quieres expandirte? ¿Qué esperas lograr? Estos objetivos deben ser específicos y medibles. Por ejemplo, en lugar de simplemente decir que quieres "aumentar tus ventas", podrías plantearte metas más concretas, como "aumentar las ventas en un 20% en el mercado europeo en los próximos dos años". Establecer objetivos claros te dará una visión precisa de lo que quieres conseguir y te ayudará a evaluar tu progreso a medida que avanzas.

Una vez que tienes definidos tus objetivos, el siguiente paso es investigar y elegir los mercados en los que deseas entrar. No todos los países serán adecuados para tu producto o servicio, por lo que es fundamental identificar aquellos que tienen el mayor potencial. Como vimos en la investigación de mercado global, debes tener en cuenta factores como el tamaño del mercado, el poder adquisitivo de los consumidores, la competencia y las barreras de entrada. Un error común es intentar entrar en demasiados mercados a la vez. En lugar de eso, es recomendable empezar con uno o dos mercados clave, donde tengas más posibilidades de éxito, y luego expandirte gradualmente.

Un aspecto importante de la planificación estratégica es definir cómo vas a adaptar tu producto o servicio para los nuevos mercados. Lo que funciona en tu país de origen puede no ser bien recibido en otras partes del mundo. Las preferencias de los consumidores varían enormemente de un país a otro, por lo que deberás ajustar ciertos aspectos de tu oferta. Esto podría incluir cambios en el diseño del producto, el empaquetado, los precios o incluso el nombre de la marca. Adaptarse a las diferencias culturales y locales es crucial para que tu negocio se sienta relevante en un mercado extranjero. Si bien puede parecer tentador intentar mantener tu producto exactamente como está, una pequeña modificación que refleje las expectativas locales puede marcar la diferencia entre el éxito y el fracaso.

Otro factor que debes considerar en tu plan es cómo manejarás la logística de vender en otros países. Esto incluye aspectos como la distribución, el envío, los tiempos de entrega y el servicio postventa. En algunos países, puede que necesites establecer almacenes o centros de distribución locales para que tus productos lleguen más rápido a los consumidores. Además, deberás tener en cuenta los costos asociados con el transporte internacional y los posibles aranceles y tarifas de importación. Tener una estrategia de logística clara es esencial para garantizar que puedas cumplir con las expectativas de tus clientes, sin importar en qué parte del mundo se encuentren.

El siguiente paso en tu planificación estratégica es decidir cómo vas a entrar en esos mercados. Hay varias formas de hacerlo, y la elección de la mejor estrategia dependerá de tus objetivos y recursos. Una opción es establecer una presencia física en el país, como abrir una oficina o una tienda local. Esta es una estrategia más costosa, pero puede ser necesaria si necesitas estar cerca de tus clientes o si tu producto requiere un alto grado de interacción personal. Otra opción es colaborar con distribuidores o socios locales, que ya tienen experiencia en el mercado y pueden ayudarte a navegar las complejidades de operar en ese país. También puedes optar por vender en línea a través de plataformas de comercio electrónico globales, lo que te permitirá llegar a un público más amplio sin necesidad de una infraestructura física.

La estrategia de marketing también es una parte clave de tu plan de expansión. Necesitas una forma de dar a conocer tu producto o servicio en el nuevo mercado, y eso requiere un enfoque adaptado a las preferencias y comportamientos de los consumidores locales. Puede que las estrategias de marketing que te funcionan en tu país no sean igual de efectivas en otros lugares. Por ejemplo, en algunos mercados, los anuncios en redes sociales pueden ser muy efectivos, mientras que en otros, la publicidad tradicional en televisión o radio sigue siendo la mejor opción. Además, la forma en que te comunicas con los clientes debe tener en cuenta las sensibilidades culturales y los matices lingüísticos. Es fundamental que tu mensaje sea claro y relevante para el público al que te diriges.

Un aspecto que a menudo se pasa por alto en la planificación estratégica para la expansión global es la gestión de los recursos humanos. Expanderse a nuevos mercados implica gestionar equipos en diferentes lugares, con diferentes horarios, idiomas y culturas de trabajo. Necesitarás desarrollar una estrategia para contratar y capacitar a empleados locales o asignar a miembros de tu equipo a los nuevos mercados. Es fundamental que los empleados entiendan las diferencias culturales y estén preparados para trabajar en un entorno internacional. Un equipo bien capacitado y comprometido será una de las claves del éxito de tu expansión.

También es importante planificar cómo vas a financiar tu expansión. Entrar en nuevos mercados requiere inversión, y es fundamental que tengas un plan financiero sólido para respaldar tus objetivos. Esto incluye prever los costos de entrada, como el marketing, las operaciones y la logística, así como los posibles desafíos que puedan surgir en el camino. Es posible que no veas un retorno inmediato de tu inversión, por lo que debes estar preparado para soportar algunos meses, o incluso años, antes de que tu expansión comience a generar ganancias significativas. Tener un colchón financiero o acceder a fuentes de financiamiento adecuadas puede marcar la diferencia en la sostenibilidad de tu expansión global.

Finalmente, una parte crucial de la planificación estratégica es establecer un sistema de seguimiento y evaluación de tus resultados. No basta con implementar el plan y esperar lo mejor. Necesitarás monitorear constantemente el progreso de tu expansión y ajustar tu estrategia según sea necesario. Esto significa estar atento a las ventas, la respuesta de los consumidores, el rendimiento del equipo local y los cambios en el mercado. A veces, lo que parece ser una gran oportunidad puede no dar los resultados esperados, y es fundamental estar preparado para tomar decisiones difíciles, como retirarse de un mercado que no está funcionando o redirigir recursos a uno que esté mostrando mayor potencial.

En resumen, la planificación estratégica para la expansión global es un proceso detallado que requiere atención a muchos factores. Desde establecer objetivos claros hasta adaptar tu producto y diseñar estrategias de marketing, cada paso debe estar cuidadosamente pensado y ejecutado. Además, es esencial estar preparado para los desafíos logísticos, financieros y operativos que surgirán al vender en otros países. Con un plan bien estructurado, podrás minimizar los riesgos y maximizar las oportunidades para que tu negocio crezca de manera sostenible en el mercado global.

Lucie Dupont

Aspectos Culturales en las Ventas Globales

Los aspectos culturales son una pieza fundamental en las ventas globales. Al expandir tu negocio a otros países, es esencial entender que no solo te estás moviendo en un nuevo mercado, sino también en un entorno cultural completamente diferente. Lo que puede ser efectivo para vender en un país, puede no funcionar en otro, y la clave de una expansión global exitosa es saber adaptarse a estas diferencias culturales. Ignorar estos factores puede llevar a malentendidos, frustraciones y, en última instancia, a la pérdida de ventas. Por eso, conocer y respetar las costumbres, valores y normas de cada cultura te permitirá construir relaciones más sólidas y aumentar tus posibilidades de éxito.

El primer aspecto a tener en cuenta es la forma en que las diferentes culturas perciben las interacciones comerciales. Por ejemplo, en algunas culturas, como las de Estados Unidos o Alemania, las negociaciones suelen ser directas y orientadas a los resultados. En estas culturas, los negocios se centran en la eficiencia, y los clientes valoran una comunicación clara y rápida. En cambio, en países como Japón o China, el proceso de negociación tiende a ser más lento, ya que se le da mucha importancia a las relaciones personales y a la confianza. En estos casos, es posible que necesites dedicar tiempo a establecer una relación sólida antes de que el cliente esté dispuesto a cerrar un trato. Ignorar estas diferencias puede hacer que los clientes internacionales se sientan incómodos o incluso ofendidos.

El lenguaje es otro factor clave en las ventas globales. Aunque el inglés es ampliamente utilizado en los negocios internacionales, no todos los mercados se sienten cómodos utilizándolo. Por lo tanto, si realmente deseas conectar con tus clientes, es recomendable que adaptes tu comunicación a su idioma local. Esto no solo incluye la traducción de tu página web, materiales de marketing y contratos, sino también tener en cuenta los matices culturales del idioma. Una traducción literal no siempre es suficiente, ya que algunas expresiones o términos pueden no tener el mismo impacto o significado en otras culturas. Invertir en traducciones y adaptaciones de alta calidad puede marcar una gran diferencia en la forma en que tu producto es percibido.

Otro aspecto cultural importante es la forma en que se perciben los roles y las jerarquías en diferentes partes del mundo. En algunos países, las decisiones comerciales se toman de manera colaborativa y horizontal, donde todos en la organización tienen voz en el proceso. Esto es común en muchas culturas occidentales, donde la participación y el consenso son valorados. Sin embargo, en otras culturas, como las de muchas partes de Asia y Oriente Medio, las estructuras empresariales tienden a ser más jerárquicas. En estos casos, es probable que solo las personas en posiciones de autoridad tengan la capacidad de tomar decisiones importantes, y es fundamental que identifiques quién tiene el poder de decisión dentro de una empresa o institución. Si intentas negociar con la persona equivocada, podrías perder tiempo valioso o incluso arruinar tus oportunidades.

El concepto de tiempo también varía enormemente entre culturas y puede afectar tus ventas globales. En algunos países, como en Estados Unidos o Alemania, la puntualidad y el respeto por los plazos son aspectos fundamentales. Llegar tarde a una reunión o no cumplir con los plazos acordados puede considerarse una falta de profesionalismo. Por otro lado, en culturas como las de muchos países de América Latina o el sur de Europa, el concepto de tiempo es más flexible. Las reuniones pueden comenzar más tarde de lo previsto, y los plazos se pueden considerar más como guías que como reglas estrictas. Si no entiendes estas diferencias, podrías frustrarte o frustrar a tus clientes.

Además de la percepción del tiempo, las formas de saludo y el contacto físico también juegan un papel importante en las ventas globales. En algunos países, como Japón, un saludo formal puede implicar una ligera inclinación de cabeza, mientras que en los países de habla hispana, es común dar un apretón de manos firme o incluso un abrazo si la relación es más cercana. En otras culturas, como la de muchos países árabes, se espera un saludo más largo, con preguntas sobre la familia y la vida personal antes de hablar de negocios. Ignorar estas normas puede hacer que tu cliente se sienta incómodo o malinterpretado. La clave aquí es ser consciente de las expectativas sociales y seguir las costumbres locales para demostrar respeto y profesionalismo.

El estilo de comunicación también varía considerablemente entre culturas. En algunos países, como Estados Unidos o Alemania, la comunicación suele ser directa y al grano. Las personas valoran la franqueza y la claridad, y no suelen rodear el tema con sutilezas. Sin embargo, en otros países, como Japón, India o muchos países de Oriente Medio, la comunicación puede ser más indirecta y diplomática. En estas culturas, los negocios se realizan de manera más reservada, y se espera que leas entre líneas para entender lo que realmente se está diciendo. En estos entornos, es importante ser paciente y no presionar demasiado por respuestas rápidas o directas, ya que esto puede ser visto como una falta de tacto.

Además de los comportamientos y el lenguaje, es crucial entender los valores y creencias que motivan a los consumidores en diferentes partes del mundo. Por ejemplo, en muchos países de Europa y América del Norte, los consumidores pueden estar muy enfocados en el precio y la calidad, mientras que en mercados como el japonés, la lealtad a la marca y la reputación de la empresa son extremadamente importantes. En algunos países, los consumidores valoran los productos que reflejan innovación y modernidad, mientras que en otros, los productos tradicionales y artesanales tienen una gran demanda. Conocer estas preferencias culturales te permitirá adaptar tu producto y tu estrategia de marketing para que resuene mejor con tus clientes.

También es importante tener en cuenta las festividades y los días festivos en los diferentes países. Por ejemplo, intentar cerrar un trato importante durante el Año Nuevo Chino, cuando muchas empresas están cerradas, sería un error estratégico. De manera similar, en países musulmanes, el mes de Ramadán puede afectar los horarios laborales y las dinámicas de consumo. Conocer estos detalles y planificar en torno a ellos te ayudará a evitar inconvenientes y a mostrar respeto por las tradiciones locales.

La cultura del servicio al cliente también varía considerablemente entre países. En algunas culturas, los clientes esperan un servicio extremadamente atento y personalizado, mientras que en otras, prefieren una interacción más discreta y menos invasiva. En países como Estados Unidos, los consumidores valoran la rapidez y la eficiencia, mientras que en Japón, la calidad y el detalle en el servicio son primordiales. Adaptar la forma en que ofreces servicio al cliente según las expectativas locales te ayudará a construir relaciones más fuertes y a generar una mayor satisfacción en los consumidores.

En resumen, los aspectos culturales en las ventas globales son fundamentales para entender cómo interactuar con los clientes y socios de negocios en otros países. Desde las diferencias en la comunicación hasta las expectativas sobre el servicio al cliente, cada cultura tiene sus propias normas, costumbres y valores que influyen en el éxito de una transacción comercial. Al tomarte el tiempo para aprender y adaptarte a estas diferencias, estarás en una mejor posición para conectar con tus clientes internacionales, ganar su confianza y aumentar tus ventas a nivel global.

Estrategias Digitales para el Comercio Internacional

En el mundo actual, las estrategias digitales son una herramienta indispensable para cualquier empresa que quiera tener éxito en el comercio internacional. Internet y las tecnologías digitales han derribado muchas de las barreras tradicionales que existían entre países, permitiendo a las empresas llegar a clientes en todo el mundo sin necesidad de tener una presencia física en cada mercado. Esto ha abierto un mundo de oportunidades, pero también ha creado nuevos desafíos que requieren un enfoque estratégico para poder aprovechar al máximo los recursos digitales disponibles. Implementar estrategias digitales efectivas es clave para posicionarte correctamente en mercados internacionales y hacer crecer tu negocio a escala global.

Uno de los primeros aspectos a considerar en una estrategia digital para el comercio internacional es tener una presencia en línea sólida. Tu sitio web será, en muchos casos, el primer punto de contacto entre tu empresa y los clientes internacionales, por lo que es fundamental que esté bien diseñado, sea fácil de navegar y esté optimizado para todos los dispositivos. Además, es crucial que tu sitio web esté disponible en varios idiomas, según los mercados a los que te diriges. No se trata solo de traducir el contenido, sino de asegurarte de que la versión de tu sitio web en cada idioma esté culturalmente adaptada a las expectativas y preferencias locales. Un cliente en Japón tendrá diferentes expectativas que un cliente en Alemania, y es esencial que tu sitio web refleje estas diferencias para crear una experiencia de usuario positiva.

Además del sitio web, las redes sociales juegan un papel clave en cualquier estrategia digital para el comercio internacional. Las redes sociales te permiten interactuar directamente con tus clientes en tiempo real, crear una comunidad en torno a tu marca y generar confianza en mercados nuevos. Sin embargo, al igual que con el sitio web, es importante adaptar tu enfoque en redes sociales a cada mercado. Las plataformas más populares varían según la región. Por ejemplo, mientras que Facebook es muy popular en muchos países de Occidente, en China, la plataforma más utilizada es WeChat, y en Rusia, VKontakte. Es esencial identificar cuáles son las plataformas que tus clientes potenciales usan más en cada país y ajustar tu estrategia de contenido y publicidad en consecuencia.

El marketing de contenido también es una estrategia digital clave para el comercio internacional. Publicar contenido relevante y valioso no solo mejora tu visibilidad en los motores de búsqueda, sino que también te ayuda a construir una relación de confianza con tus clientes. Crear un blog en varios idiomas, producir videos explicativos o publicar guías que resuelvan las dudas más comunes de tus clientes en cada mercado puede posicionarte como una autoridad en tu industria y atraer a nuevos compradores. Al igual que con otros aspectos del marketing digital, es importante personalizar el contenido para cada mercado. Las preferencias de contenido varían mucho de un país a otro; mientras que en algunos lugares los consumidores prefieren leer artículos extensos, en otros prefieren consumir contenido más visual, como videos o infografías.

Una de las herramientas más poderosas en cualquier estrategia digital internacional es la publicidad en línea. Plataformas como Google Ads, Facebook

Ads o LinkedIn Ads te permiten segmentar tus campañas publicitarias con una precisión increíble, eligiendo a quién mostrar tus anuncios según su ubicación geográfica, intereses, comportamientos y muchos otros factores. Esto es especialmente útil cuando te expandes a nuevos mercados, ya que puedes dirigirte a audiencias específicas en los países donde deseas vender sin desperdiciar presupuesto en personas que no estén interesadas en tu producto o servicio. Además, puedes realizar pruebas A/B con diferentes anuncios para ver qué mensajes y enfoques funcionan mejor en cada mercado, optimizando así tu inversión publicitaria.

Otra estrategia digital importante para el comercio internacional es el uso del comercio electrónico. Plataformas como Amazon, Alibaba, eBay o Shopify han facilitado enormemente el proceso de vender productos en línea a clientes de todo el mundo. A través de estas plataformas, no solo puedes llegar a una audiencia global, sino que también puedes beneficiarte de sus infraestructuras logísticas y sistemas de pago, lo que te permite ofrecer envíos internacionales y manejar diferentes monedas de manera eficiente. Si decides utilizar una plataforma de comercio electrónico, es importante asegurarte de que tus productos estén bien presentados, con descripciones claras y atractivas, imágenes de alta calidad y precios adaptados a la moneda local. Además, es esencial tener en cuenta las políticas de devoluciones y servicio al cliente para cada mercado, ya que estos factores también varían según la región.

La optimización para motores de búsqueda (SEO) es otro componente crucial de cualquier estrategia digital para el comercio internacional. Asegurarte de que tu sitio web y tu contenido aparezcan en los resultados de búsqueda de tus mercados objetivo es esencial para atraer tráfico orgánico. Esto requiere un enfoque específico para cada mercado, ya que los motores de búsqueda pueden variar de un país a otro. Por ejemplo, mientras que Google es el motor de búsqueda dominante en la mayoría de los países, en China el principal motor de búsqueda es Baidu, y en Rusia es Yandex. Adaptar tu estrategia de SEO a estos motores de búsqueda específicos es vital para tener visibilidad en esos mercados.

El email marketing también puede ser una herramienta valiosa en tu estrategia digital internacional. Aunque las redes sociales han ganado popularidad, el email sigue siendo uno de los canales más efectivos para comunicarse con los clientes de manera directa y personalizada. Puedes usar el email marketing para enviar promociones, noticias de productos o contenido exclusivo a tus suscriptores internacionales. Sin embargo, es fundamental asegurarte de cumplir con las leyes de privacidad y protección de datos en cada país, como el Reglamento General de Protección de Datos (GDPR) en Europa, que establece estrictas reglas sobre cómo las empresas pueden recopilar y utilizar los datos de los consumidores.

Otro aspecto clave a tener en cuenta en tu estrategia digital para el comercio internacional es la experiencia del cliente en línea. Los consumidores de diferentes países tienen expectativas distintas sobre cómo debe ser su experiencia de compra en línea. Por ejemplo, en algunos mercados, los clientes esperan opciones de pago locales, como AliPay en China o iDEAL en los Países Bajos. También es importante considerar las expectativas sobre los tiempos de envío y los costos. Mientras que en algunos mercados los consumidores están dispuestos a esperar más tiempo por sus productos si el envío es gratuito, en otros mercados, los tiempos de entrega rápidos son una prioridad. Ofrecer opciones de pago y envío flexibles y adaptadas a cada mercado mejorará la satisfacción del cliente y aumentará tus posibilidades de éxito.

Finalmente, el análisis de datos es fundamental en cualquier estrategia digital para el comercio internacional. Al vender en diferentes países, es importante rastrear y analizar los datos de tus campañas de marketing, tu tráfico web y tus ventas para identificar qué estrategias están funcionando mejor en cada mercado. Las herramientas de análisis digital, como Google Analytics, pueden proporcionarte información detallada sobre el comportamiento de los usuarios en tu sitio web, como las páginas que visitan, el tiempo que pasan en el sitio y las tasas de conversión. Utilizar estos datos para ajustar y mejorar continuamente tu estrategia digital te permitirá optimizar tus esfuerzos y obtener mejores resultados a lo largo del tiempo.

En resumen, las estrategias digitales son esenciales para el éxito en el comercio internacional. Desde tener una presencia en línea fuerte y adaptada a cada mercado, hasta utilizar redes sociales, publicidad en línea y comercio electrónico, todas estas herramientas te permiten conectarte con clientes de todo el mundo de manera eficiente y efectiva. Además, la optimización para motores de búsqueda, el email marketing y la experiencia del cliente en línea son componentes clave para mejorar la visibilidad y las ventas en mercados internacionales. Y, por supuesto, no olvides la importancia de analizar los datos para ajustar y mejorar tu estrategia con el tiempo. Con una estrategia digital bien planificada y ejecutada, puedes expandir tu negocio a nivel global y aprovechar las oportunidades que ofrece el comercio internacional en la era digital.

Lucie Dupont

Logística y Cadena de Suministro Internacional

La logística y la cadena de suministro internacional son aspectos esenciales para cualquier empresa que quiera expandir su negocio a otros países. A medida que las empresas crecen y comienzan a vender en mercados internacionales, gestionar la logística de manera eficiente se convierte en un desafío aún mayor. No se trata solo de mover productos de un lugar a otro; implica coordinar una red compleja de proveedores, transportistas, almacenes y distribuidores para asegurarse de que los productos lleguen al destino correcto, en el tiempo adecuado y con los costos más bajos posibles. En un entorno global, donde las distancias son mayores y las regulaciones varían entre países, la logística puede ser la diferencia entre el éxito y el fracaso.

La cadena de suministro es el proceso completo que va desde la adquisición de materias primas hasta la entrega final del producto al cliente. En un contexto internacional, la cadena de suministro se complica debido a las distancias geográficas, las diferencias en infraestructuras, las regulaciones aduaneras y los idiomas. Por eso, para operar a nivel global, es crucial tener un sistema de logística bien estructurado que pueda manejar estos desafíos de manera eficiente. Esto implica planificar cuidadosamente cómo se moverán los productos, desde el lugar donde se fabrican hasta el punto de venta, teniendo en cuenta los medios de transporte, los tiempos de tránsito y los costos.

Uno de los primeros pasos en la logística internacional es elegir los medios de transporte más adecuados para tus productos. Las opciones principales incluyen transporte por aire, mar o tierra, y cada uno tiene sus ventajas y desventajas. El transporte aéreo es rápido, lo que es ideal para productos que necesitan entregarse en poco tiempo o aquellos que son perecederos, pero es mucho más costoso que otras opciones. El transporte marítimo, por otro lado, es más económico y puede mover grandes volúmenes de productos, pero es mucho más lento. Este es el método más común para bienes no perecederos y grandes cargas. El transporte terrestre suele ser una opción complementaria, utilizado para distribuir productos dentro de un país o entre países vecinos. Elegir el método de transporte correcto depende de las características del producto, el mercado al que te diriges y los costos que estés dispuesto a asumir.

Además de elegir el transporte, es crucial entender las regulaciones aduaneras y arancelarias de los países a los que quieres enviar tus productos. Cada país tiene sus propias leyes y normativas sobre qué productos se pueden importar y bajo qué condiciones. Algunos productos pueden requerir licencias especiales o cumplir con estándares específicos antes de ser aceptados en un mercado. Por ejemplo, los productos alimenticios, los dispositivos electrónicos y los productos farmacéuticos suelen estar sujetos a controles rigurosos. Además, cada país cobra aranceles e impuestos por la importación de bienes, y estos costos pueden variar considerablemente dependiendo del tipo de producto y el país de origen. Es fundamental contar con un buen equipo o socios comerciales que te ayuden a navegar por estas regulaciones para evitar problemas en la aduana, retrasos o incluso la confiscación de tus productos.

La gestión de inventarios es otro aspecto crítico de la logística internacional. Mantener suficientes productos en inventario para satisfacer la demanda es importante, pero tener demasiado inventario puede aumentar los costos de almacenamiento y generar desperdicio, especialmente si se trata de productos perecederos o con una vida útil limitada. En un contexto internacional, esto se complica debido a los tiempos de envío más largos y la necesidad de coordinar la producción y distribución en múltiples países. Una estrategia común es tener varios centros de distribución en diferentes regiones geográficas para reducir los tiempos de entrega y optimizar el almacenamiento. Esto permite que los productos lleguen más rápidamente a los clientes, reduciendo los costos de transporte y mejorando la eficiencia operativa.

La tecnología juega un papel fundamental en la gestión de la cadena de suministro internacional. Herramientas como el software de gestión de la cadena de suministro (SCM) permiten a las empresas rastrear y gestionar cada paso del proceso, desde el pedido de materias primas hasta la entrega final del producto. Estas herramientas proporcionan visibilidad en tiempo real, lo que es vital para identificar problemas potenciales antes de que se conviertan en grandes inconvenientes. Por ejemplo, si un envío se retrasa debido a problemas en la aduana, el software puede alertar a los gerentes de logística, quienes pueden tomar medidas para mitigar el impacto del retraso. Además, la tecnología también ayuda a optimizar rutas de transporte, mejorar la eficiencia del almacenamiento y gestionar mejor los inventarios, lo que resulta en una cadena de suministro más ágil y eficiente.

Otro aspecto importante de la logística internacional es el manejo de devoluciones o la logística inversa. No todos los productos que envíes llegarán en buen estado o serán aceptados por los clientes. En algunos casos, los productos pueden ser dañados durante el transporte, o el cliente puede decidir que ya no los necesita. En estos casos, es fundamental tener un plan para gestionar las devoluciones de manera eficiente y rentable. Esto puede incluir tener centros de devolución en las principales áreas de mercado o establecer acuerdos con transportistas locales para facilitar el proceso de retorno de productos. La logística inversa también es importante para el reciclaje y la gestión de residuos, lo que es cada vez más relevante en un mundo donde la sostenibilidad es una preocupación creciente.

La sostenibilidad, de hecho, está ganando importancia en la logística internacional. A medida que los consumidores se vuelven más conscientes del impacto ambiental de sus compras, las empresas también deben adaptarse para reducir su huella de carbono y minimizar el impacto negativo de sus operaciones. Esto incluye adoptar prácticas de transporte más ecológicas, como el uso de vehículos eléctricos o combustibles más limpios, y optimizar las rutas de envío para reducir las emisiones de carbono. También implica trabajar con proveedores que compartan un enfoque en la sostenibilidad, utilizando embalajes reciclables y reduciendo el desperdicio en la producción y distribución.

La elección de socios logísticos también es crucial. En la mayoría de los casos, trabajar con una empresa de logística externa que tenga experiencia en el comercio internacional puede simplificar enormemente el proceso. Estos socios no solo tienen la infraestructura y el personal adecuados para manejar envíos grandes y complejos, sino que también suelen tener experiencia en las regulaciones aduaneras y los trámites necesarios para mover productos a través de fronteras. Elegir un socio logístico confiable te permitirá centrarte en otros aspectos del negocio mientras ellos se encargan de los detalles del envío y la entrega. Sin embargo, es importante seleccionar a estos socios con cuidado, ya que su eficiencia y fiabilidad tendrán un impacto directo en la experiencia del cliente.

El seguimiento y la comunicación con los clientes también son vitales en la logística internacional. A medida que los productos viajan largas distancias, los clientes pueden volverse ansiosos por saber cuándo recibirán su compra. Proporcionar actualizaciones en tiempo real sobre el estado del envío es una excelente manera de mantener a los clientes informados y mejorar su experiencia. Esto puede incluir el uso de códigos de seguimiento, notificaciones por correo electrónico o mensajes de texto, y ofrecer acceso a un portal en línea donde los clientes puedan ver el progreso de su pedido. La comunicación constante y la transparencia son esenciales para construir confianza y asegurar que los clientes estén satisfechos con el proceso de entrega.

Finalmente, la planificación es clave para el éxito de la logística internacional. Cada país tiene sus propios picos de demanda estacional, influenciados por festividades, condiciones climáticas y otros factores. Por ejemplo, durante el Año Nuevo Chino, muchas fábricas en China cierran por un período prolongado, lo que puede causar retrasos significativos si no se planifica adecuadamente. Del mismo modo, las temporadas de vacaciones en Europa o América del Norte pueden afectar la capacidad de transporte debido al aumento de la demanda. Tener un plan sólido que considere estos factores te permitirá evitar interrupciones en la cadena de suministro y asegurar que tus productos lleguen a tiempo.

En resumen, la logística y la cadena de suministro internacional son componentes esenciales para cualquier negocio que quiera expandirse a nivel global. Desde la elección del transporte adecuado hasta la gestión de inventarios, las regulaciones aduaneras y la sostenibilidad, cada paso en el proceso requiere una planificación cuidadosa y la capacidad de adaptarse a los desafíos únicos que presenta el comercio internacional. Con la ayuda de la tecnología, socios logísticos confiables y una estrategia bien pensada, las empresas pueden superar estos desafíos y aprovechar las oportunidades que ofrece el comercio global para hacer crecer su negocio.

Lucie Dupont

Cumplimiento Legal y Normativo en Ventas Internacionales

El cumplimiento legal y normativo es uno de los aspectos más críticos a considerar cuando una empresa decide vender sus productos o servicios a nivel internacional. Las leyes y normativas pueden variar significativamente de un país a otro, y asegurarse de cumplir con todas ellas es esencial para evitar problemas legales, sanciones, multas o incluso la prohibición de vender en ciertos mercados. Aunque puede parecer un desafío complejo, comprender y adaptarse a estas regulaciones es fundamental para el éxito de las ventas internacionales. Es más que solo un obstáculo a superar, es una oportunidad para construir confianza y credibilidad en los mercados extranjeros.

Cada país tiene su propio marco legal que regula el comercio, y es importante conocer las leyes locales para poder operar de manera efectiva. Estas leyes pueden abarcar desde normativas de productos, hasta leyes fiscales, de protección al consumidor y de privacidad de datos. Para empezar, uno de los principales aspectos a tener en cuenta es el cumplimiento de las normativas sobre los productos que planeas vender. Algunos países exigen que los productos pasen por una serie de controles de calidad, pruebas de seguridad o que cumplan con ciertos estándares antes de que puedan ser comercializados. Por ejemplo, en la Unión Europea, muchos productos deben llevar la marca CE, que certifica que el producto cumple con los requisitos de salud, seguridad y medio ambiente. Si tu producto no cumple con estas normativas, no podrá ser vendido legalmente en ese mercado.

Otro aspecto fundamental del cumplimiento legal es entender las leyes de etiquetado y empaquetado en cada país. Algunos mercados tienen requisitos específicos sobre cómo debe presentarse la información en los productos, qué tipo de información debe incluirse en las etiquetas, y en qué idioma debe estar. Por ejemplo, en Canadá, las etiquetas de los productos deben estar en inglés y francés, mientras que en países de la Unión Europea, las etiquetas deben estar en el idioma oficial de cada país. Además, ciertos productos, como alimentos, cosméticos o medicamentos, pueden estar sujetos a normativas más estrictas que exijan información detallada sobre ingredientes, instrucciones de uso, advertencias o alérgenos. Cumplir con estos requisitos no solo es necesario para evitar problemas legales, sino que también ayuda a ganar la confianza de los consumidores.

Las leyes fiscales son otro aspecto crucial del cumplimiento legal en las ventas internacionales. Cada país tiene sus propias leyes fiscales que regulan los impuestos que debes pagar por la venta de productos o servicios en su territorio. Esto puede incluir impuestos de importación, aranceles y el impuesto sobre el valor añadido (IVA) o impuestos sobre las ventas. Los aranceles son tarifas que se cobran por la importación de bienes a un país, y pueden variar dependiendo del tipo de producto y su país de origen. Además, muchos países requieren que las empresas extranjeras registren una entidad local o trabajen con un representante fiscal para manejar el pago de impuestos. No cumplir con estas obligaciones fiscales puede tener consecuencias graves, como multas, bloqueos de envíos o la pérdida del derecho a operar en ese mercado. Por lo tanto, es fundamental trabajar con expertos en impuestos internacionales o contadores especializados para asegurarte de que estás cumpliendo con todas las normativas fiscales.

Uno de los temas más importantes en el comercio internacional hoy en día es la protección de los datos personales. En muchos países, como en la Unión Europea con el Reglamento General de Protección de Datos (GDPR), existen leyes estrictas que regulan cómo las empresas pueden recopilar, almacenar y utilizar los datos personales de los consumidores. Estas leyes buscan proteger la privacidad de los individuos y garantizar que las empresas manejen sus datos de manera ética y segura. Si tu empresa recopila información personal de los clientes, como sus nombres, direcciones de correo electrónico o datos de pago, debes asegurarte de cumplir con las normativas locales sobre privacidad. Esto implica, entre otras cosas, obtener el consentimiento explícito de los usuarios antes de recopilar sus datos, proporcionarles la posibilidad de acceder y borrar su información, y asegurarte de que los datos estén protegidos de posibles violaciones de seguridad. El incumplimiento de estas normativas puede resultar en sanciones severas, que en algunos casos pueden alcanzar multas multimillonarias.

Además de las leyes de privacidad, también debes tener en cuenta las leyes de protección al consumidor. Estas leyes varían de un país a otro y están diseñadas para proteger los derechos de los consumidores y garantizar que reciban productos seguros y de alta calidad. Algunas de estas leyes exigen que ofrezcas garantías o periodos de devolución de productos, mientras que otras pueden requerir que brindes un servicio de atención al cliente en el idioma local. Es esencial entender y cumplir con estas regulaciones para asegurarte de que tus clientes internacionales tengan una experiencia de compra positiva y para evitar problemas legales. Además, ofrecer un servicio al cliente sólido, que cumpla con las expectativas y normativas locales, puede ayudarte a diferenciarte de la competencia y ganar la confianza de los consumidores.

El cumplimiento de las normativas comerciales internacionales también puede involucrar cuestiones relacionadas con los derechos de propiedad intelectual. Si tu empresa fabrica o vende productos innovadores, es importante proteger tus derechos de propiedad intelectual, como patentes, marcas registradas o derechos de autor, en cada país donde operes. Las leyes de propiedad intelectual varían de un país a otro, y en algunos mercados puede ser más fácil o más difícil registrar y hacer cumplir tus derechos. Proteger tus derechos de propiedad intelectual es fundamental para evitar que otras empresas copien o imiten tus productos sin tu permiso, lo que podría perjudicar tu negocio. Además, también debes asegurarte de no infringir los derechos de propiedad intelectual de otras empresas en los mercados internacionales donde vendes, ya que esto podría generar demandas y problemas legales.

En algunos mercados internacionales, también existen regulaciones comerciales específicas, como restricciones a la exportación o sanciones económicas que pueden afectar tu capacidad para hacer negocios en ciertos países. Por ejemplo, algunos países pueden estar sujetos a sanciones económicas impuestas por organismos internacionales o gobiernos extranjeros, lo que significa que está prohibido o limitado hacer negocios con ellos. Es esencial estar al tanto de estas regulaciones y asegurarte de que tu empresa no viole ninguna de ellas. Esto puede implicar realizar investigaciones previas sobre los países con los que planeas hacer negocios y asegurarte de que no estén sujetos a sanciones o restricciones comerciales.

Finalmente, una de las mejores formas de asegurarte de que cumples con todas las leyes y regulaciones internacionales es trabajar con abogados especializados en comercio internacional. Estos profesionales pueden ayudarte a navegar por las complejidades legales de los mercados extranjeros y garantizar que tu empresa esté cumpliendo con todas las normativas. También pueden ayudarte a redactar contratos internacionales, gestionar disputas comerciales y asegurarte de que estás protegiendo adecuadamente tus derechos en los mercados donde operas.

En resumen, el cumplimiento legal y normativo en las ventas internacionales es un aspecto fundamental para cualquier empresa que desee expandirse globalmente. Desde cumplir con las normativas de productos, etiquetas y empaques, hasta manejar las leyes fiscales y de privacidad de datos, cada paso es esencial para garantizar que tu negocio opere de manera segura y eficiente en mercados extranjeros. Aunque pueda parecer complicado, cumplir con estas regulaciones no solo evita problemas legales, sino que también fortalece la confianza de los consumidores y socios comerciales en todo el mundo. Con la asesoría adecuada y una planificación cuidadosa, puedes asegurarte de que tu negocio cumpla con todas las normativas necesarias para prosperar en el mercado global.

Lucie Dupont

Impuestos Internacionales y Aranceles

Los impuestos internacionales y los aranceles son una parte esencial del comercio global, y cualquier empresa que desee vender en el extranjero debe entender cómo funcionan. Estos conceptos pueden parecer complicados, pero son simplemente herramientas que los gobiernos utilizan para regular el flujo de bienes entre países y recaudar ingresos. Si estás considerando expandir tu negocio a nivel internacional, es crucial que comprendas cómo los impuestos internacionales y los aranceles afectarán tus costos, tus márgenes de ganancia y la competitividad de tus productos en el mercado global.

Los impuestos internacionales son, en esencia, las obligaciones fiscales que una empresa tiene cuando vende bienes o servicios en otro país. Estos impuestos pueden adoptar diversas formas, como el impuesto sobre el valor añadido (IVA) o el impuesto sobre las ventas. La mayoría de los países imponen un IVA o un impuesto sobre las ventas a los bienes importados, y este impuesto puede variar considerablemente según la nación. Por ejemplo, en algunos países europeos, el IVA puede ser tan alto como el 20 %, mientras que en otros países puede ser mucho menor. Es importante tener en cuenta que este impuesto suele ser pagado por el consumidor final, pero tu empresa será responsable de recaudarlo y remitirlo a las autoridades fiscales del país en el que estás vendiendo.

El IVA no es el único tipo de impuesto que debes considerar. En algunos países, también pueden aplicarse impuestos especiales a ciertos productos, como el tabaco, el alcohol o los productos de lujo. Estos impuestos adicionales pueden aumentar el precio final de tus productos y afectar su competitividad en ese mercado. Además, es posible que algunos países requieran que tu empresa se registre en su sistema fiscal local para poder operar legalmente y pagar estos impuestos. Este proceso puede ser complicado y variar mucho entre países, por lo que es recomendable contar con el apoyo de asesores fiscales o contadores especializados en comercio internacional.

Los aranceles, por su parte, son tarifas que los gobiernos cobran por la importación de bienes a su país. Los aranceles son una de las principales formas en que los gobiernos protegen sus economías locales y sus industrias. Cuando se impone un arancel a un producto importado, su precio final aumenta, lo que hace que sea más caro para los consumidores locales en comparación con los productos fabricados en el país. Los aranceles varían según el tipo de producto, su valor, el país de origen y las políticas comerciales del país que los impone. Algunos países tienen aranceles muy bajos o incluso acuerdos de libre comercio con ciertos socios comerciales, lo que significa que algunos productos pueden entrar sin pagar aranceles o con tarifas reducidas.

Entender cómo funcionan los aranceles es crucial para cualquier empresa que planea exportar productos. Los aranceles pueden tener un impacto significativo en el precio final de tus productos y, por lo tanto, en su competitividad. Por ejemplo, si vendes un producto que ya es caro de fabricar, un arancel elevado podría hacer que sea demasiado caro para los consumidores en un mercado extranjero. Por el contrario, si vendes un producto con un costo de fabricación bajo, es posible que puedas absorber parte del arancel y seguir siendo competitivo. En cualquier caso, conocer de antemano los aranceles que se aplican a tus productos te ayudará a planificar mejor tu estrategia de precios en mercados internacionales.

Una forma de reducir los aranceles o evitar su impacto en tu negocio es aprovechar los acuerdos de libre comercio. Muchos países tienen acuerdos comerciales con otras naciones que permiten que ciertos productos se comercialicen con tarifas arancelarias reducidas o sin aranceles. Por ejemplo, el Tratado entre México, Estados Unidos y Canadá (T-MEC) permite que muchos productos se comercialicen entre estos tres países sin aranceles. Estos acuerdos pueden ser una excelente oportunidad para las empresas que desean expandirse a nuevos mercados, ya que eliminan uno de los principales obstáculos del comercio internacional: el costo de los aranceles. Sin embargo, para aprovechar estos acuerdos, es importante asegurarte de que tus productos cumplan con los requisitos específicos de origen, lo que significa que deben haber sido fabricados en su mayor parte en los países que forman parte del acuerdo.

Otro aspecto importante a considerar en relación con los aranceles es el concepto de valor en aduana. Este valor se refiere al precio de los bienes en el momento en que cruzan la frontera y se utiliza para calcular los aranceles. Generalmente, el valor en aduana incluye el costo de los bienes, así como el costo del transporte y el seguro hasta el punto de entrada en el país de destino. Sin embargo, algunos países también pueden incluir otros costos, como los gastos de embalaje o el costo de los derechos de propiedad intelectual, en el valor en aduana. Es esencial asegurarse de que el valor en aduana esté correctamente declarado para evitar problemas con las autoridades aduaneras y posibles multas o sanciones.

Además de los aranceles, las empresas también deben tener en cuenta otras barreras comerciales, como las cuotas de importación. Las cuotas son restricciones que los gobiernos imponen sobre la cantidad de un producto que puede importarse en un período determinado. Una vez que se ha alcanzado la cuota, ya no se permite la importación de más bienes de ese tipo, o se imponen aranceles adicionales mucho más altos a las importaciones adicionales. Esto puede ser un desafío para las empresas que dependen de exportar grandes volúmenes de productos a ciertos mercados, ya que las cuotas pueden limitar su capacidad de venta. Para evitar problemas con las cuotas, es esencial investigar y planificar cuidadosamente la entrada a nuevos mercados.

El cumplimiento de las regulaciones fiscales y aduaneras no solo es importante para evitar sanciones legales, sino que también puede tener un impacto significativo en la logística de tu negocio. Los retrasos en la aduana son comunes cuando los documentos no están en regla o cuando los productos no cumplen con las normativas del país de destino. Estos retrasos no solo aumentan los costos de almacenamiento y transporte, sino que también pueden generar problemas con los clientes que esperan recibir sus productos a tiempo. Por eso, es fundamental trabajar con expertos en logística y aduanas que te ayuden a garantizar que todo el proceso de importación se realice sin contratiempos. Además, es importante estar al tanto de los cambios en las políticas comerciales, ya que los gobiernos pueden modificar los aranceles y las normativas aduaneras en respuesta a cambios en la economía global o a tensiones comerciales con otros países.

Una estrategia eficaz para manejar los impuestos internacionales y los aranceles es realizar una planificación fiscal global. Esto implica analizar los diferentes regímenes fiscales y arancelarios de los mercados en los que deseas operar y encontrar formas de optimizar tu estructura fiscal. Por ejemplo, algunas empresas establecen subsidiarias en países con regímenes fiscales favorables para reducir su carga tributaria global. Otras empresas pueden aprovechar las zonas francas, que son áreas geográficas donde los productos pueden importarse, almacenarse y, en algunos casos, transformarse sin estar sujetos a aranceles hasta que salgan de la zona franca. Estas estrategias requieren una planificación cuidadosa y, en muchos casos, la asistencia de asesores fiscales y legales especializados en comercio internacional.

También es importante tener en cuenta que los impuestos internacionales y los aranceles no son estáticos. Pueden cambiar con el tiempo en respuesta a factores económicos, políticos o sociales. Por ejemplo, en los últimos años, hemos visto un aumento en las tensiones comerciales entre algunas de las principales economías del mundo, lo que ha llevado a la imposición de nuevos aranceles y barreras comerciales. Estos cambios pueden tener un impacto significativo en tu negocio si no estás preparado para adaptarte. Por eso, es esencial estar al tanto de las noticias y tendencias del comercio internacional y ser lo suficientemente flexible como para ajustar tu estrategia según sea necesario.

En resumen, los impuestos internacionales y los aranceles son componentes fundamentales del comercio global. Entender cómo funcionan y cómo afectan a tu negocio es esencial para planificar con éxito tu expansión a mercados internacionales. Desde el IVA hasta los aranceles, pasando por las barreras comerciales y las regulaciones aduaneras, cada aspecto del comercio internacional tiene un impacto en tus costos y en la competitividad de tus productos. Con una buena planificación, el apoyo de expertos y una estrategia sólida, puedes navegar por estas complejidades y aprovechar las oportunidades que ofrece el comercio global para hacer crecer tu negocio de manera exitosa.

Lucie Dupont

Formas de Pago y Manejo de Divisas en Mercados Internacionales

Cuando una empresa decide vender sus productos o servicios en mercados internacionales, uno de los aspectos más importantes que debe considerar es cómo va a recibir los pagos y cómo va a manejar las divisas extranjeras. A diferencia de las ventas locales, donde los pagos suelen ser directos y en la misma moneda, las ventas internacionales implican una mayor complejidad debido a las diferentes formas de pago disponibles y a las fluctuaciones de las divisas. Elegir los métodos de pago adecuados y gestionar eficazmente las monedas extranjeras puede marcar una gran diferencia en el éxito financiero de tu negocio en el extranjero.

Uno de los primeros desafíos que enfrentan las empresas al vender a nivel internacional es decidir qué formas de pago ofrecer a sus clientes. Dependiendo del país, la cultura de pago y las preferencias de los consumidores pueden variar mucho. Por ejemplo, en algunos países europeos, el uso de transferencias bancarias es muy común, mientras que en América Latina, el pago a plazos o mediante billeteras electrónicas puede ser preferido. En Asia, el pago a través de aplicaciones móviles es una tendencia en auge. Ofrecer las formas de pago que mejor se adapten a cada mercado es crucial para facilitar las transacciones y aumentar las ventas. Por lo tanto, es fundamental investigar las opciones de pago más populares en cada país donde planeas vender y asegurarte de que tu empresa pueda aceptar esos métodos.

Entre las formas más comunes de pago internacional se encuentran las tarjetas de crédito, transferencias bancarias, pagos a través de plataformas digitales, como PayPal o Stripe, y las cartas de crédito. Las tarjetas de crédito son una opción muy utilizada a nivel global, y la mayoría de las empresas las aceptan por su conveniencia y rapidez. Sin embargo, es importante recordar que las tarifas asociadas al procesamiento de tarjetas pueden variar según el país y el proveedor de servicios de pago. Las transferencias bancarias, aunque son una forma segura de recibir pagos, suelen tardar más en completarse y pueden implicar tarifas adicionales, tanto para el comprador como para el vendedor.

Otro método común de pago en el comercio internacional es la carta de crédito. Este es un acuerdo financiero en el que un banco actúa como intermediario, asegurando que el vendedor reciba el pago solo si se cumplen ciertas condiciones, como la entrega de los productos dentro de un plazo determinado o la presentación de documentos específicos. Las cartas de crédito son especialmente útiles cuando se hacen negocios con nuevos clientes o en mercados donde las leyes comerciales no son tan claras. Ofrecen una capa adicional de seguridad tanto para el comprador como para el vendedor, ya que reducen el riesgo de impago. Sin embargo, pueden ser costosas y requieren un manejo burocrático más complejo, lo que puede no ser adecuado para todas las empresas o transacciones.

Además de elegir las formas de pago adecuadas, otro aspecto crítico en las ventas internacionales es la gestión de divisas. Al vender en varios países, es probable que tus clientes paguen en diferentes monedas, lo que significa que tendrás que convertir esas monedas a tu divisa local para poder utilizarlas. El valor de las divisas fluctúa constantemente debido a diversos factores económicos, políticos y sociales, lo que puede tener un impacto directo en tus ingresos y ganancias. Si no gestionas correctamente el riesgo cambiario, podrías perder una parte significativa de tus ganancias simplemente debido a una caída en el valor de una moneda extranjera.

Una de las primeras decisiones que debes tomar es en qué moneda vas a fijar los precios de tus productos. Algunas empresas optan por ofrecer precios en la moneda local de cada país, lo que facilita la compra para los clientes y les ofrece una mayor transparencia. Sin embargo, esto también implica que tu empresa tendrá que lidiar con la fluctuación de varias monedas, lo que puede aumentar el riesgo financiero. Otra opción es fijar los precios en una moneda internacional estable, como el dólar estadounidense o el euro. Esto reduce el riesgo cambiario para tu empresa, pero puede hacer que tus productos sean menos atractivos para los clientes en países con monedas más débiles, ya que su poder adquisitivo podría verse afectado.

Para gestionar mejor el riesgo de las fluctuaciones cambiarias, muchas empresas utilizan instrumentos financieros como los contratos a futuro o las coberturas de divisas. Estos instrumentos permiten fijar el tipo de cambio en una fecha futura, lo que te protege contra las fluctuaciones adversas de las monedas. Por ejemplo, si sabes que vas a recibir un pago en euros dentro de tres meses, pero temes que el valor del euro pueda caer en ese tiempo, puedes utilizar un contrato a futuro para asegurarte de que recibirás un tipo de cambio favorable sin importar lo que suceda en el mercado. Aunque este tipo de instrumentos financieros puede parecer complicado, trabajar con asesores financieros o bancos especializados puede ayudarte a implementar estas estrategias de manera eficaz.

Otro aspecto importante del manejo de divisas es el costo de la conversión de moneda. Al convertir pagos de una moneda a otra, los bancos y las plataformas de pago suelen cobrar tarifas por el servicio, además de aplicar un tipo de cambio que puede no ser tan favorable como el que aparece en el mercado. Estos costos pueden reducir significativamente tus márgenes de ganancia, especialmente si operas en varios países. Por eso, es esencial trabajar con bancos o proveedores de servicios de pago que ofrezcan tarifas competitivas y tipos de cambio justos. También puedes considerar abrir cuentas bancarias en las principales monedas en las que operas para evitar la necesidad de convertir divisas con frecuencia y así reducir costos.

Una opción cada vez más popular para manejar pagos internacionales y divisas es el uso de plataformas de pago digital que permiten la conversión de monedas de manera rápida y con tarifas más bajas que los bancos tradicionales. Servicios como PayPal, Stripe o Wise ofrecen soluciones de pago que permiten a las empresas aceptar pagos en múltiples monedas y convertirlas automáticamente a la divisa preferida. Estas plataformas también suelen ofrecer informes detallados sobre las transacciones, lo que facilita la contabilidad y la planificación financiera. Además, su simplicidad y alcance global las hacen una opción atractiva para pequeñas y medianas empresas que no tienen los recursos para gestionar complejas operaciones bancarias internacionales.

Es importante también considerar las implicaciones fiscales de manejar divisas extranjeras. En algunos países, los beneficios obtenidos por las diferencias cambiarias pueden estar sujetos a impuestos, por lo que es crucial trabajar con un contador o asesor fiscal que entienda las leyes fiscales tanto de tu país como de los mercados donde operas. Además, las transacciones internacionales pueden requerir que presentes informes adicionales o cumplas con requisitos específicos relacionados con el manejo de divisas. No cumplir con estos requisitos podría resultar en sanciones o auditorías que podrían afectar negativamente tu negocio.

En última instancia, una buena gestión de los pagos y las divisas en los mercados internacionales es fundamental para garantizar la rentabilidad de tu negocio. No solo se trata de elegir las formas de pago más adecuadas, sino también de gestionar de manera efectiva el riesgo cambiario, reducir los costos de conversión de divisas y cumplir con las normativas fiscales. Al hacerlo, puedes asegurarte de que tu empresa sea competitiva y eficiente en el mercado global, lo que te permitirá crecer y prosperar en nuevas regiones. Al igual que con cualquier aspecto del comercio internacional, contar con el apoyo de expertos y utilizar las herramientas adecuadas te ayudará a navegar por estas complejidades y aprovechar al máximo las oportunidades que ofrecen los mercados globales.

Lucie Dupont

Contratos y Negociación en Ventas Internacionales

Cuando se trata de ventas internacionales, uno de los aspectos más importantes que debes dominar es la elaboración de contratos y la negociación. A diferencia de las ventas nacionales, donde las leyes y prácticas comerciales suelen ser claras y uniformes, en las ventas internacionales te enfrentas a un escenario más complejo. Las diferencias en los sistemas legales, las barreras culturales, los idiomas y las normativas pueden hacer que la creación de un contrato sólido y la negociación sean procesos más desafiantes. Sin embargo, dominar estos elementos es crucial para proteger tu negocio, garantizar que las transacciones se realicen sin problemas y evitar malentendidos que puedan tener consecuencias costosas.

El contrato de venta es el documento legal que establece los términos y condiciones de una transacción. En un contrato internacional, es vital que todos los aspectos del acuerdo queden claramente definidos, ya que las leyes que rigen el comercio pueden variar significativamente de un país a otro. Un buen contrato de venta internacional debe cubrir puntos clave como la descripción detallada de los bienes o servicios, el precio, la forma de pago, el plazo de entrega, las condiciones de transporte y cualquier garantía o responsabilidad. A diferencia de un simple acuerdo verbal, el contrato es la base legal que te protegerá en caso de que surja algún problema o conflicto con el comprador.

Uno de los primeros puntos a considerar al redactar un contrato internacional es decidir qué ley aplicará al acuerdo. Es decir, ¿en qué país se resolverán los posibles conflictos? Este aspecto es especialmente importante porque las leyes comerciales de un país pueden ser muy diferentes a las de otro. En algunos casos, las empresas optan por utilizar una jurisdicción neutral, como la ley internacional de la Cámara de Comercio Internacional (CCI), que establece normas globales ampliamente aceptadas. De esta manera, ambas partes se sienten más cómodas, sabiendo que el contrato se regirá por un conjunto de reglas conocidas y justas. Si no defines claramente la ley aplicable, podrías encontrarte en una situación complicada, intentando resolver una disputa en un país con un sistema legal que desconoces.

Otro aspecto fundamental de los contratos internacionales es el idioma en el que están redactados. Si bien es común que se utilice el inglés como idioma internacional de los negocios, no todos los países y empresarios tienen el mismo nivel de dominio de este idioma. Para evitar malentendidos o interpretaciones erróneas, es recomendable que el contrato se redacte en los idiomas de ambas partes o, al menos, que se incluya una traducción oficial. Aunque esto puede implicar costos adicionales, tener un contrato claro y comprensible para ambas partes es esencial para evitar disputas que puedan surgir debido a diferencias idiomáticas.

La negociación en ventas internacionales es un arte que requiere no solo habilidades comerciales, sino también una comprensión profunda de las culturas y costumbres de los países con los que se está negociando. En muchos casos, lo que es aceptable y eficaz en una negociación en un país puede no serlo en otro. Por ejemplo, en algunos países asiáticos, como Japón o China, la negociación es un proceso lento y basado en la construcción de relaciones de confianza a largo plazo.

Interrumpir a la otra parte o ser demasiado directo puede interpretarse como una falta de respeto. En cambio, en países occidentales, como Estados Unidos o Alemania, las negociaciones tienden a ser más rápidas y directas, enfocándose en los hechos y en la eficiencia. Adaptar tu estilo de negociación a las costumbres locales es crucial para cerrar acuerdos con éxito.

Es importante que durante la negociación internacional tengas una mentalidad abierta y estés dispuesto a comprometerte. Las diferencias culturales pueden generar malentendidos o desacuerdos, pero si te acercas a la negociación con una actitud colaborativa, en lugar de competitiva, es más probable que encuentres soluciones que beneficien a ambas partes. Al mismo tiempo, es fundamental que sepas cuáles son tus límites y que no cedas en aquellos puntos que son vitales para el éxito de tu negocio. Encontrar el equilibrio entre la flexibilidad y la firmeza es una habilidad clave en cualquier negociación, pero es aún más importante en un contexto internacional, donde las diferencias culturales y de lenguaje pueden complicar las cosas.

Durante la negociación, es importante también estar preparado para abordar temas relacionados con los términos de pago, los plazos de entrega y las responsabilidades en caso de que algo salga mal. Por ejemplo, las condiciones de entrega pueden ser una fuente de desacuerdo si no se abordan de manera clara desde el principio. En el comercio internacional, los incoterms, que son reglas internacionales que definen las responsabilidades del comprador y el vendedor en cuanto al transporte y la entrega de los productos, juegan un papel fundamental. Asegurarte de que ambas partes estén de acuerdo en los incoterms y en quién será responsable de los costos y riesgos durante el transporte es esencial para evitar problemas en el futuro.

Otro aspecto a considerar durante la negociación de contratos internacionales es la cuestión de las garantías y la responsabilidad. Si bien en algunas jurisdicciones es común que el vendedor ofrezca garantías sobre la calidad del producto o el cumplimiento del servicio, en otros mercados esto puede no ser una expectativa. Es fundamental que este tipo de detalles se discutan y queden claramente reflejados en el contrato. Si el producto tiene algún tipo de garantía, es importante especificar las condiciones y el plazo de la misma, así como los pasos que el comprador debe seguir en caso de que necesite reclamar. Definir claramente estos aspectos ayudará a evitar malentendidos y a proteger tanto al vendedor como al comprador.

En cuanto a los métodos de resolución de conflictos, es recomendable que los contratos internacionales incluyan una cláusula de arbitraje. El arbitraje es una forma de resolver disputas fuera de los tribunales, a través de un árbitro neutral que emite una decisión vinculante para ambas partes. Esta opción suele ser preferida en el comercio internacional porque es más rápida, menos costosa y más flexible que los procedimientos judiciales tradicionales. Además, el arbitraje permite que las partes elijan un árbitro con experiencia en el sector específico de la disputa, lo que garantiza que la decisión final sea justa y bien informada. Incluir una cláusula de arbitraje en el contrato también ayuda a darles tranquilidad a ambas partes, ya que saben que, en caso de que surja algún conflicto, podrán resolverlo de manera rápida y eficaz.

Además de los aspectos legales y comerciales, también es importante considerar la logística en la negociación de contratos internacionales. Las diferencias en los husos horarios, la distancia geográfica y las barreras de idioma pueden hacer que la coordinación entre las partes sea más difícil. Por ejemplo, si estás negociando con una empresa en Asia mientras tu empresa está en Europa o América, es probable que las diferencias de horario hagan que la comunicación sea más lenta y requiera una mayor planificación. Asegurarte de que los plazos de entrega, las expectativas de comunicación y los procesos de seguimiento estén claramente definidos en el contrato te ayudará a superar estos desafíos y a garantizar que todo funcione sin problemas.

Por último, uno de los factores más importantes a tener en cuenta en la negociación y elaboración de contratos internacionales es la confianza. Aunque las ventas internacionales pueden implicar mayores riesgos debido a la distancia y las diferencias legales, construir una relación sólida basada en la confianza mutua es esencial para el éxito a largo plazo. Si bien el contrato es la herramienta legal que te protege, la confianza y la buena comunicación con tu cliente o socio comercial son fundamentales para garantizar que ambas partes cumplan con sus compromisos y resuelvan cualquier problema de manera constructiva. Mostrar respeto por las costumbres locales, ser transparente en la comunicación y cumplir con tus promesas son algunas de las formas en que puedes fomentar una relación de confianza, lo que a su vez hará que las negociaciones futuras sean más fluidas y exitosas.

En resumen, la negociación y la creación de contratos en ventas internacionales son procesos complejos que requieren una cuidadosa planificación y atención a los detalles. Desde la elección de la ley aplicable hasta la definición de los términos de pago y las responsabilidades de entrega, cada aspecto del contrato debe ser considerado con detenimiento para evitar malentendidos y proteger los intereses de tu negocio. Además, adaptarte a las diferencias culturales en las negociaciones y construir relaciones de confianza son elementos clave para garantizar el éxito a largo plazo en el comercio internacional. Al abordar estos desafíos con una actitud abierta y flexible, estarás mejor preparado para aprovechar las oportunidades que ofrecen los mercados globales y hacer crecer tu negocio de manera exitosa.

Lucie Dupont

Estrategias de Precios para Mercados Internacionales

Determinar una estrategia de precios efectiva para los mercados internacionales es uno de los pasos más cruciales cuando decides expandir tu negocio más allá de las fronteras. Fijar los precios de manera adecuada no solo asegura que seas competitivo, sino que también te permite cubrir tus costos y maximizar tus ganancias. Sin embargo, establecer los precios en mercados internacionales es mucho más complicado que simplemente convertir los precios de tu mercado local a la moneda extranjera. Hay una serie de factores adicionales que deben tenerse en cuenta, como los costos locales, las expectativas del consumidor, los competidores y las políticas gubernamentales. Por eso, diseñar una estrategia de precios inteligente y bien fundamentada es clave para tener éxito en el comercio global.

El primer paso para establecer una estrategia de precios internacional es evaluar los costos adicionales que conlleva la venta en mercados extranjeros. Cuando vendes en otro país, debes considerar no solo los costos de producción, sino también los gastos relacionados con el transporte, las aduanas, los aranceles, los impuestos locales y, en algunos casos, los costos de conversión de divisas. Todos estos elementos pueden aumentar significativamente el precio final de tu producto. Si no tienes en cuenta estos costos, podrías fijar un precio demasiado bajo que no cubra tus gastos o, por el contrario, un precio tan alto que te saque del mercado. Es esencial realizar un análisis detallado de todos los costos involucrados en la venta internacional para asegurarte de que tus precios sean rentables y competitivos.

Además de los costos, también es importante entender las expectativas de los consumidores en los diferentes mercados. El valor que los clientes perciben de un producto puede variar enormemente de un país a otro. Lo que en tu mercado local puede considerarse un producto premium, en otro mercado puede ser visto como un bien básico, o viceversa. Por ejemplo, los consumidores en algunos países están dispuestos a pagar más por productos importados debido a la percepción de mayor calidad o exclusividad. En cambio, en otros mercados, los consumidores podrían ser más sensibles al precio y preferir alternativas locales más baratas. Comprender cómo perciben tu producto y qué valor le otorgan es esencial para ajustar tus precios de manera efectiva.

Otra variable clave en la estrategia de precios internacional es la competencia. Antes de fijar un precio, debes investigar cómo están posicionados tus competidores en el mercado al que te diriges. Si tu producto es similar a los que ya están en el mercado, tu precio debe ser competitivo, ya sea más bajo o con un valor agregado claro que justifique un precio más alto. Sin embargo, si tu producto ofrece características únicas o es innovador, podrías tener la oportunidad de cobrar un precio premium. En cualquier caso, el análisis de la competencia es fundamental para asegurarte de que no estás fijando un precio que aleje a los clientes o, por el contrario, uno que no te permita obtener las ganancias adecuadas.

Una de las estrategias más comunes en la fijación de precios internacionales es la estrategia de precios diferenciados, también conocida como "precios localizados". Esto significa ajustar los precios de tu producto en función del mercado local. Los precios pueden variar de un país a otro debido a las diferencias en los costos, la competencia y el poder adquisitivo de los consumidores. Por ejemplo, podrías vender tu producto a un precio más alto en un país con un alto nivel de vida y un mercado de lujo, mientras que en otro país con menor poder adquisitivo, el precio debería ser más bajo para atraer a los clientes. Si bien esta estrategia puede aumentar las ventas en mercados locales específicos, también puede generar complicaciones si los consumidores descubren que están pagando más que en otros países. En la era de la globalización y el acceso a la información, los precios diferenciados deben manejarse con cuidado para no afectar la reputación de tu marca.

Otra opción para fijar precios internacionales es la estrategia de precios estandarizados, que implica establecer un precio fijo en todos los mercados, independientemente de los costos locales o las condiciones del mercado. Este enfoque puede simplificar la gestión de precios y dar una sensación de equidad entre los consumidores de diferentes países. Sin embargo, puede no ser adecuado en mercados con grandes diferencias en los costos o el poder adquisitivo. Por ejemplo, si fijas un precio demasiado alto en un país con una economía más débil, podrías perder ventas. Al mismo tiempo, fijar un precio demasiado bajo en un mercado de alto nivel de vida podría hacer que tu producto sea percibido como de baja calidad. La clave con esta estrategia es encontrar un equilibrio que te permita ser competitivo en todos los mercados sin comprometer tus márgenes de ganancia.

Otra estrategia que puede ser útil en mercados internacionales es la estrategia de precios por penetración. Esta consiste en fijar un precio inicial bajo para ingresar rápidamente a un mercado nuevo, captar clientes y ganar participación de mercado. Una vez que te estableces y logras una base sólida de clientes, puedes ir aumentando gradualmente los precios. Esta estrategia puede ser efectiva cuando tu objetivo es ganar visibilidad y presencia en un nuevo mercado, especialmente si enfrentas una competencia fuerte. Sin embargo, debes tener cuidado de no fijar precios tan bajos que afecten la percepción de la calidad de tu producto o que dañen tus márgenes de ganancia a largo plazo.

Por otro lado, si tu producto tiene una característica única o es percibido como de alta calidad, puedes optar por una estrategia de precios premium. Esto implica fijar un precio más alto que el de tus competidores, lo que da la impresión de que tu producto es exclusivo o de lujo. Esta estrategia puede ser particularmente efectiva en mercados donde los consumidores asocian el precio alto con calidad o prestigio. Sin embargo, debes asegurarte de que tu producto realmente ofrezca un valor superior y esté alineado con las expectativas de los consumidores. Un precio premium sin una justificación clara puede hacer que los clientes busquen alternativas más económicas.

Un factor adicional a considerar en la fijación de precios internacionales es la fluctuación de las divisas. Los tipos de cambio pueden variar considerablemente en cortos períodos de tiempo, lo que afecta el precio real que pagarán los clientes y las ganancias que recibirás. Para mitigar el riesgo de las fluctuaciones cambiarias, algunas empresas optan por fijar precios en una moneda estable, como el dólar estadounidense o el euro, independientemente de la moneda local del cliente. Otra opción es utilizar estrategias de cobertura financiera para protegerse de las variaciones en los tipos de cambio. Cualquiera que sea la opción que elijas, es importante que tomes en cuenta el impacto de las divisas en tus precios y que estés preparado para ajustarlos si es necesario.

Además de todas estas consideraciones, es fundamental también tener en cuenta las políticas gubernamentales y las regulaciones del mercado local que pueden afectar tus precios. En algunos países, los gobiernos imponen controles de precios en ciertos productos, especialmente en sectores esenciales como alimentos o medicamentos. También puede haber restricciones sobre cuánto puedes aumentar los precios o impuestos adicionales que afecten el costo final de tu producto. Antes de lanzar tu producto en un nuevo mercado, es importante que investigues todas las regulaciones locales que puedan influir en tu estrategia de precios para evitar problemas legales o financieros.

Finalmente, recuerda que la fijación de precios para mercados internacionales no es un proceso estático. A medida que cambian las condiciones del mercado, los competidores introducen nuevos productos o las economías locales experimentan fluctuaciones, puede ser necesario ajustar tus precios para seguir siendo competitivo. Es importante monitorear constantemente los factores que afectan tus precios y estar dispuesto a hacer ajustes cuando sea necesario. Una estrategia de precios flexible y bien fundamentada te permitirá adaptarte a las condiciones cambiantes y maximizar tus oportunidades de éxito en los mercados internacionales.

En resumen, diseñar una estrategia de precios para mercados internacionales es un proceso complejo que requiere tener en cuenta muchos factores, desde los costos locales y la competencia hasta las expectativas de los consumidores y las fluctuaciones de divisas. No hay una fórmula única que funcione para todos los negocios, por lo que es esencial que realices una investigación exhaustiva y consideres todas las opciones antes de tomar una decisión. Ya sea que optes por una estrategia de precios diferenciados, estandarizados o de penetración, lo más importante es que tu estrategia sea coherente con tus objetivos de negocio y las características de los mercados en los que operas. Con la planificación adecuada y una actitud flexible, podrás fijar precios que te permitan crecer y prosperar en el competitivo mundo del comercio internacional.

Lucie Dupont

Atención al Cliente y Soporte en el Mercado Global

La atención al cliente y el soporte en el mercado global son piezas fundamentales para el éxito de cualquier negocio que busque expandirse internacionalmente. Cuando vendes en varios países, no solo estás compitiendo por el mejor producto o el precio más atractivo, también compites por ofrecer la mejor experiencia al cliente. Y, en muchos casos, lo que realmente distingue a una marca exitosa en el comercio global no es tanto lo que vende, sino cómo trata a sus clientes. En mercados internacionales, donde las diferencias culturales, de idioma y de expectativas son más evidentes, ofrecer una atención al cliente de alta calidad puede ser lo que haga que los clientes sigan eligiendo tu marca una y otra vez.

El primer aspecto clave de la atención al cliente global es la disponibilidad en el idioma local. No puedes esperar que los clientes internacionales hablen o comprendan perfectamente el idioma en el que operas tu negocio. Por eso, contar con personal capacitado que hable el idioma local o tener un servicio de traducción puede marcar una gran diferencia. Los clientes se sienten más cómodos cuando pueden expresar sus preguntas o problemas en su propio idioma, y esto aumenta la confianza en tu marca. Si no puedes ofrecer soporte en todos los idiomas, una alternativa es comenzar con los idiomas más comunes entre tus clientes internacionales, como el inglés, el español o el francés, y luego expandirte a otros idiomas según sea necesario.

Sin embargo, no solo se trata de traducir las palabras, sino de entender las diferencias culturales que pueden influir en cómo se espera que sea el servicio al cliente. Por ejemplo, en algunos países, los clientes valoran la rapidez y la eficiencia por encima de todo. En estos casos, el tiempo de respuesta es fundamental, y la empresa que responda primero a las consultas probablemente gane más clientes. En otros países, los clientes prefieren un enfoque más personalizado y cercano, donde se priorice la relación y la confianza a largo plazo. Saber cómo adaptar tu estilo de atención al cliente a las expectativas culturales locales es crucial para ofrecer un servicio que realmente satisfaga a tus clientes en cada región.

Otro aspecto importante es la accesibilidad del soporte al cliente. Cuando vendes a nivel global, tus clientes pueden estar en cualquier parte del mundo, lo que significa que pueden tener horarios muy diferentes al de tu equipo de atención al cliente. Imagina que un cliente en Japón intenta contactarte, pero solo puede hacerlo durante el horario laboral de su país, y resulta que tu equipo de soporte está en un país con un horario completamente diferente. Este tipo de desajuste puede llevar a frustraciones y a una mala experiencia para el cliente. Para evitarlo, es ideal ofrecer múltiples canales de atención al cliente, como el correo electrónico, chat en vivo o incluso chatbots, que estén disponibles las 24 horas del día. Esto asegura que, sin importar la diferencia horaria, los clientes puedan obtener ayuda cuando la necesiten.

Además, es importante tener en cuenta las plataformas que utilizan tus clientes internacionales. En algunas partes del mundo, el correo electrónico sigue siendo el medio preferido para contactar a una empresa, mientras que en otras regiones, aplicaciones de mensajería como

WhatsApp o WeChat son mucho más populares. Adaptarte a las herramientas y plataformas que tus clientes utilizan regularmente puede mejorar significativamente la calidad de tu servicio al cliente. No tiene sentido ofrecer un canal de atención que tus clientes no usen o que consideren incómodo. Al elegir las plataformas adecuadas para cada mercado, demuestras que entiendes y respetas las preferencias locales.

La calidad del soporte técnico y postventa también es un factor decisivo en la satisfacción del cliente internacional. Cuando los clientes tienen problemas con un producto o servicio, quieren una solución rápida y efectiva, sin importar dónde se encuentren. En algunos casos, esto puede significar tener centros de servicio locales o una red de socios que puedan proporcionar soporte en persona. En otros casos, puede ser suficiente ofrecer una línea de ayuda con expertos que hablen el idioma local y que estén capacitados para resolver problemas técnicos. De cualquier manera, lo importante es que los clientes sientan que pueden confiar en ti para resolver cualquier problema que tengan con tu producto, sin importar en qué parte del mundo estén.

Otro aspecto fundamental es la capacidad de gestionar las expectativas del cliente desde el principio. Cuando vendes a nivel internacional, las diferencias en los plazos de entrega, las políticas de devolución y las garantías pueden variar significativamente de un país a otro. Es importante ser transparente con tus clientes sobre lo que pueden esperar en cada uno de estos aspectos. Por ejemplo, si el envío a un país específico tarda más de lo habitual debido a regulaciones locales o distancias geográficas, es importante que los clientes lo sepan desde el principio. De la misma manera, si las políticas de devolución o las garantías son diferentes en ciertos mercados, también debe quedar claro. La transparencia no solo evita malentendidos, sino que también aumenta la confianza en tu marca.

La personalización también juega un papel importante en la atención al cliente global. En el comercio internacional, los clientes quieren sentir que no son solo un número más en una lista de compradores.

A pesar de que estés vendiendo en diferentes países, es importante encontrar formas de personalizar la experiencia del cliente para que se sientan valorados y escuchados. Esto puede lograrse mediante mensajes personalizados, ofertas adaptadas a sus preferencias o simplemente recordando detalles sobre sus compras anteriores. En algunos mercados, la personalización puede ser tan simple como incluir un saludo personalizado en su idioma, mientras que en otros, los clientes pueden esperar un nivel más profundo de atención a sus necesidades.

Por supuesto, también es esencial medir y mejorar continuamente la calidad del servicio al cliente. En un entorno global, donde cada mercado puede tener sus propias expectativas y desafíos, es fundamental recopilar retroalimentación de tus clientes en cada país. Esto te permitirá identificar áreas donde puedes mejorar y adaptar tus procesos para ofrecer un mejor servicio. Realizar encuestas de satisfacción, analizar las quejas comunes y revisar los tiempos de respuesta son algunas de las maneras en las que puedes asegurarte de que tu atención al cliente está cumpliendo con los estándares que tus clientes internacionales esperan.

Finalmente, la tecnología juega un papel clave en la atención al cliente global. El uso de herramientas como los sistemas de gestión de relaciones con los clientes (CRM) te permite tener un registro detallado de todas las interacciones con tus clientes, independientemente de dónde se encuentren. Estos sistemas te permiten hacer un seguimiento de las consultas, resolver problemas más rápidamente y ofrecer una experiencia coherente en todos los canales de atención al cliente. Además, las herramientas de inteligencia artificial, como los chatbots, pueden ayudar a responder preguntas comunes de manera instantánea, lo que mejora la experiencia del cliente y reduce la carga de trabajo de tu equipo de soporte.

En conclusión, la atención al cliente en el mercado global es mucho más que resolver problemas. Es una herramienta poderosa para construir relaciones a largo plazo, fidelizar a los clientes y diferenciarte de la competencia. Desde ofrecer soporte en el idioma local hasta adaptarte a las diferencias culturales y gestionar las expectativas de los clientes, cada aspecto de la atención al cliente internacional requiere una planificación cuidadosa y una actitud de servicio. Al implementar estrategias sólidas que aborden estos desafíos, no solo mejorarás la experiencia de tus clientes, sino que también te posicionarás como una empresa confiable y comprometida con su satisfacción, sin importar en qué parte del mundo se encuentren.

Lucie Dupont

Creación de Equipos Internacionales de Ventas

La creación de equipos internacionales de ventas es un paso crucial para cualquier empresa que quiera expandirse globalmente. Un equipo de ventas bien estructurado y alineado con los objetivos de tu negocio puede marcar la diferencia entre el éxito y el fracaso en mercados internacionales. Sin embargo, formar un equipo que funcione a nivel global no es tan sencillo como replicar el modelo que usas en tu país de origen. Requiere de planificación, adaptación y una estrategia clara que tenga en cuenta las diferencias culturales, los mercados locales y la coordinación a larga distancia.

El primer paso para formar un equipo internacional de ventas es asegurarse de contar con personas que comprendan el mercado local. Vender en un país extranjero no es solo cuestión de hablar el idioma, aunque eso ciertamente ayuda, sino de entender cómo piensan y actúan los clientes de esa región. Esto incluye conocer sus hábitos de compra, sus necesidades y las barreras que pueden enfrentar a la hora de adquirir un producto o servicio. Por eso, muchas empresas optan por contratar a personal local, personas que no solo hablen el idioma, sino que también estén inmersas en la cultura y el entorno de ese mercado. Estas personas pueden ofrecer una visión que alguien externo, por muy capacitado que esté, simplemente no podría tener.

Además de contratar talento local, es fundamental que los equipos de ventas internacionales trabajen con un objetivo común. A pesar de las diferencias geográficas y culturales, todos los miembros de un equipo de ventas global deben estar alineados con la visión y los objetivos de la empresa. Esto implica tener una estrategia de ventas clara y bien definida que se adapte a los diferentes mercados, pero que también mantenga una coherencia global. Para lograr esto, es importante que las empresas inviertan tiempo en capacitar a sus equipos, no solo en técnicas de ventas, sino también en la cultura y los valores de la empresa. Esto ayudará a que, sin importar en qué parte del mundo estén, todos los vendedores representen de manera coherente la marca.

Otro desafío que surge al formar equipos internacionales de ventas es la comunicación. La distancia y las diferencias horarias pueden complicar la coordinación entre los miembros del equipo. Por eso, es crucial contar con herramientas tecnológicas que faciliten la comunicación en tiempo real, como plataformas de videollamadas, mensajería instantánea y software de gestión de proyectos. Estas herramientas permiten que los equipos se mantengan en contacto y trabajen de manera colaborativa, sin importar dónde se encuentren. Además, es importante establecer canales de comunicación claros y horarios en los que todos los miembros del equipo puedan reunirse para discutir estrategias, compartir experiencias y resolver problemas. Una buena comunicación es la base para que el equipo funcione como una unidad cohesiva.

Sin embargo, la comunicación no es solo cuestión de tecnología, también requiere habilidades interpersonales. En un equipo de ventas internacional, es probable que los miembros provengan de culturas muy diferentes, lo que significa que la forma en que se comunican y trabajan puede variar. Algunas culturas valoran más la jerarquía y prefieren una comunicación formal y estructurada, mientras que otras son más abiertas y favorecen una comunicación directa y menos formal. Para gestionar estas diferencias, los líderes del equipo deben ser sensibles a las particularidades culturales y asegurarse de que todos se sientan cómodos contribuyendo y compartiendo ideas. Promover una cultura de respeto mutuo y colaboración es fundamental para superar las barreras culturales y lograr una comunicación efectiva.

Otro aspecto importante a tener en cuenta al formar un equipo internacional de ventas es la motivación. Los vendedores, como cualquier otro empleado, necesitan sentirse valorados y motivados para dar lo mejor de sí. Sin embargo, lo que motiva a los empleados puede variar de un país a otro. En algunos mercados, los incentivos financieros, como bonos y comisiones, pueden ser un gran motivador, mientras que en otros, los empleados valoran más la seguridad laboral, las oportunidades de crecimiento o el reconocimiento público. Es importante entender qué motiva a tu equipo en cada región y adaptar tus estrategias de compensación y motivación en consecuencia. No existe un enfoque único que funcione en todos los mercados, por lo que es fundamental ser flexible y estar dispuesto a ajustar las estrategias para cada contexto.

Además, es esencial invertir en la capacitación continua de tu equipo internacional de ventas. El mundo del comercio global está en constante cambio, con nuevas tendencias, tecnologías y competencias que surgen todo el tiempo. Capacitar a tu equipo no solo en las últimas técnicas de ventas, sino también en la cultura del país donde operan, las particularidades del mercado local y el producto que ofrecen es una inversión que se traducirá en mejores resultados. Las capacitaciones también ofrecen la oportunidad de alinear a los equipos con los objetivos globales de la empresa y de reforzar la importancia de una estrategia de ventas coherente en todos los mercados.

Una vez que hayas formado tu equipo de ventas internacional, es importante medir el rendimiento de manera continua. Esto te permitirá identificar qué estrategias están funcionando y cuáles necesitan ajustes. Al trabajar con equipos en diferentes países, es crucial tener métricas claras que te permitan comparar el rendimiento entre mercados. Sin embargo, debes tener cuidado de no caer en la trampa de comparar de manera directa los resultados entre regiones muy diferentes. Cada mercado tiene sus propios desafíos y oportunidades, por lo que es importante contextualizar los resultados y ajustar las expectativas en función de las particularidades de cada región.

Finalmente, liderar un equipo internacional de ventas requiere de una gestión eficaz y flexible. No basta con dar instrucciones y esperar que todo funcione. Los líderes deben estar disponibles para apoyar a sus equipos, resolver problemas y adaptarse a los cambios que puedan surgir en cada mercado. Además, es esencial que los líderes promuevan una cultura de trabajo inclusiva, donde todos los miembros del equipo se sientan valorados y tengan la oportunidad de aportar sus ideas y conocimientos. Al liderar con empatía y adaptabilidad, los gerentes de ventas internacionales pueden sacar lo mejor de sus equipos y crear una cultura de colaboración y éxito a nivel global.

En resumen, la creación de equipos internacionales de ventas es un proceso complejo que requiere de planificación, comunicación efectiva, sensibilidad cultural y una buena dosis de flexibilidad. Al contratar talento local, alinearlos con los objetivos globales de la empresa, fomentar una comunicación abierta y capacitarlos de manera continua, puedes construir un equipo de ventas que no solo entienda los mercados locales, sino que también sea capaz de trabajar en armonía con el resto de la organización. Con una estrategia clara y una gestión eficaz, los equipos internacionales de ventas pueden convertirse en la columna vertebral del crecimiento global de tu empresa.

Innovación y Adaptación Constante

La innovación y la adaptación constante son fundamentales para el éxito en un mundo empresarial global en constante cambio. A medida que las empresas se expanden a nuevos mercados internacionales, se enfrentan a un entorno cada vez más competitivo, donde las expectativas de los clientes evolucionan rápidamente y las tecnologías avanzan a un ritmo vertiginoso. Para sobrevivir y prosperar en este contexto, no basta con tener un producto o servicio de calidad. Es necesario estar siempre un paso adelante, anticiparse a los cambios y estar dispuesto a modificar las estrategias y prácticas para adaptarse a las nuevas realidades del mercado.

La innovación, en su sentido más amplio, no solo se refiere a la creación de productos nuevos y emocionantes. En el contexto de las ventas internacionales, también significa encontrar formas más eficientes y efectivas de hacer las cosas. Puede tratarse de mejorar los procesos de producción para reducir costos, de optimizar la cadena de suministro para acortar los plazos de entrega, o de utilizar nuevas tecnologías para mejorar la experiencia del cliente. Innovar implica siempre estar buscando cómo hacer las cosas mejor, más rápido o de manera más eficiente, no solo para mantenerse a la par de la competencia, sino para superarla.

Sin embargo, la innovación no ocurre de manera espontánea. Para fomentar una cultura de innovación dentro de una empresa, es necesario crear un ambiente que lo permita. Esto significa que los empleados deben sentirse cómodos para proponer ideas, probar nuevas estrategias y correr riesgos calculados. Las empresas que alientan a sus equipos a pensar de manera creativa y a buscar soluciones innovadoras son las que suelen destacar en los mercados globales. A menudo, las mejores ideas provienen de quienes están en contacto directo con los clientes o con el día a día de la operación, ya que son los que mejor entienden los problemas reales y las oportunidades para mejorar.

Además, es crucial que la innovación esté orientada hacia las necesidades del cliente. No tiene sentido desarrollar una tecnología nueva o una estrategia de ventas si no mejora de alguna manera la experiencia del cliente. Los mercados internacionales pueden ser muy diferentes entre sí, por lo que las expectativas y necesidades de los consumidores en un país no serán las mismas que en otro. Innovar significa también adaptarse a esas diferencias. Tal vez en un país sea necesario enfocarse en mejorar la velocidad de entrega, mientras que en otro lo más importante sea ofrecer atención al cliente en el idioma local. La clave está en escuchar a los clientes y entender qué es lo que realmente valoran en cada mercado.

Por otro lado, la adaptación constante es tan importante como la innovación. El mercado global está en movimiento continuo, y lo que funcionó ayer puede no ser eficaz mañana. Las tendencias cambian, los competidores se vuelven más fuertes, y las regulaciones pueden variar. Adaptarse rápidamente a estos cambios es esencial para sobrevivir en el entorno empresarial internacional. Las empresas que se mantienen rígidas en sus enfoques o que se resisten al cambio corren el riesgo de quedarse atrás. Aquellas que, por el contrario, son ágiles y flexibles, tienen la capacidad de ajustar su estrategia en respuesta a las nuevas condiciones del mercado y, en consecuencia, tienen una mayor probabilidad de éxito.

Un buen ejemplo de adaptación es cómo las empresas han tenido que ajustarse a las nuevas tecnologías digitales. En las últimas décadas, el comercio global ha cambiado drásticamente gracias a internet, las redes sociales y las plataformas de comercio electrónico. Las empresas que no adoptaron estas tecnologías a tiempo o que no se adaptaron a la nueva forma en que los consumidores compran y se comunican, perdieron terreno frente a competidores más ágiles. Adaptarse a la digitalización no es solo cuestión de estar presente en línea, sino de aprovechar todas las herramientas y oportunidades que ofrece el mundo digital para mejorar los procesos de ventas, el marketing y la relación con los clientes.

La adaptación también implica estar al tanto de los cambios en las normativas y regulaciones internacionales. Los gobiernos de diferentes países pueden imponer nuevas leyes o requisitos que afecten directamente la forma en que se realizan los negocios. Esto puede incluir cambios en las políticas de importación y exportación, nuevas normas fiscales o regulaciones ambientales más estrictas. Las empresas que tienen éxito en mercados internacionales son aquellas que monitorean de cerca estos cambios y ajustan sus operaciones para cumplir con las normativas sin perder eficiencia. Ignorar o subestimar la importancia de estas regulaciones puede resultar en sanciones costosas o en la pérdida de acceso a un mercado clave.

El liderazgo también juega un papel fundamental en fomentar tanto la innovación como la adaptación. Los líderes empresariales deben ser proactivos, estar dispuestos a cuestionar el statu quo y ser los primeros en adoptar nuevas ideas y tecnologías. Además, deben promover un entorno en el que el cambio no sea temido, sino visto como una oportunidad para mejorar. Los líderes que inspiran a sus equipos a ser innovadores y a mantenerse flexibles ante los cambios son aquellos que guían a sus empresas hacia el éxito en mercados internacionales.

Otro aspecto clave de la innovación y la adaptación es la capacidad de aprender de los errores. No todas las iniciativas innovadoras tendrán éxito, y no todas las adaptaciones serán efectivas de inmediato. Sin embargo, las empresas que tienen una mentalidad de crecimiento y que ven los fracasos como oportunidades para aprender y mejorar, son las que finalmente prosperan. La clave está en ser lo suficientemente ágiles para reconocer cuando algo no está funcionando y ajustar la estrategia rápidamente para corregir el rumbo. Esto requiere humildad y apertura, pero es una de las mejores formas de asegurar el éxito a largo plazo.

En el mundo globalizado de hoy, la competencia puede venir de cualquier rincón del planeta. Esto significa que no basta con ser bueno en lo que haces; debes estar en constante búsqueda de formas de hacerlo mejor. Innovar y adaptarse no son solo herramientas para crecer, sino para sobrevivir en un entorno que es cada vez más impredecible. Las empresas que se destacan en el ámbito internacional son aquellas que hacen de la innovación y la adaptación constante una parte integral de su cultura empresarial.

En resumen, la innovación y la adaptación constante son pilares fundamentales para el éxito en el comercio internacional. Innovar no solo significa crear productos nuevos o utilizar tecnología avanzada, sino también buscar siempre la forma de mejorar los procesos y adaptarse a las necesidades cambiantes de los clientes. La adaptación, por su parte, implica ser flexible y responder rápidamente a los cambios en el mercado, las tendencias, las regulaciones y las expectativas de los consumidores. Al hacer de la innovación y la adaptación una prioridad, las empresas pueden no solo mantenerse competitivas, sino también liderar en el mundo globalizado y en constante cambio que define el comercio internacional hoy en día.